Mude agora suas

FINANÇAS COM INTELIGÊNCIA

GUIA PRÁTICO UNIVERSAL PARA DECISÕES
FINANCEIRAS CONSCIENTES E LUCRATIVAS

VICTOR AURELIAN

VICTOR AURELIAN

Victor Aurelian é um renomado especialista em finanças comportamentais, com mais de 15 anos de experiência em investimento e análise de mercado. Com um MBA em Value Investing e uma sólida formação em Gestão Financeira, Victor é conhecido por sua abordagem inovadora, que integra a psicologia das emoções nas decisões financeiras.

SUMÁRIO

INTRODUÇÃO..05

CAPÍTULO 1: A Mente Humana e o Dinheiro

    A Importância da Psicologia nas Finanças..............................06
    Vieses Cognitivos e Decisões Irracionais................................06
    O Ciclo Emocional do Mercado Financeiro..............................07
    A Relevância da Autoconsciência e do Controle Emocional.........08
    Por que entender nossas emoções pode melhorar nossas
    decisões financeiras?..09

CAPÍTULO 2: O Papel das Emoções nas Decisões Financeiras

    Medo e Ganância no Mercado Financeiro..............................11
    O Papel do Medo nas Decisões Financeiras............................11
    Ganância: O desejo de ganhos rápidos e ilimitados..................13
    O ciclo emocional: Medo e ganância em ação 14
    Como Gerenciar Medo e Ganância no Mercado Financeiro..........15

CAPÍTULO 3: Como Controlar as Emoções nas Finanças

    Estratégias para Gerenciar o Estresse Financeiro.....................17
    O Poder do Autocontrole e da Disciplina no Investimento..........22

Capítulo 4: Casos Reais e Lições Aprendidas

SUMÁRIO

Estudos de Caso de Erros Comuns por Causa de Decisões Emocionais 26
Exemplos de Como Investidores Famosos Lidaram com Emoções em Crises Financeiras...30

CAPÍTULO 5: Construindo um Futuro Financeiro Saudável

A Importância de um Plano Financeiro Sólido........................34
A Importância da Educação Financeira..................................36
Como Reconhecer e Gerenciar Emoções ao Investir...................38
A Importância de uma Estratégia Clara e Racional..................39

CONCLUSÃO..43
EXERCÍCIOS PRÁTICOS..48

INTRODUÇÃO

Este livro aborda a crescente complexidade do mundo financeiro e a dificuldade que muitos enfrentam ao tomar decisões financeiras, não apenas por falta de conhecimento técnico, mas também devido à influência das emoções. Medo, ganância e euforia podem distorcer a percepção de risco, levando a decisões precipitadas, como vendas de ativos em baixa ou investimentos arriscados em busca de lucros rápidos. Essa conexão entre emoções e finanças é essencial, mas muitas vezes negligenciada, resultando em comportamentos financeiros prejudiciais e estresse.

O livro propõe explorar essa interseção, destacando a importância da inteligência emocional na gestão financeira. Com exemplos práticos e exercícios, busca ajudar os leitores a desenvolver uma relação mais saudável com o dinheiro. O objetivo final é fornecer ferramentas que não apenas melhorem a saúde financeira, mas também promovam um estado emocional mais estável. Assim, a jornada rumo à liberdade financeira é apresentada como uma experiência profundamente conectada às emoções que moldam nossas decisões.

Será discutido a crescente importância da relação entre finanças e emoções na sociedade. A tomada de decisões financeiras é complexa e permeada por sentimentos que influenciam a percepção de risco e o planejamento. Emoções como medo e euforia podem levar a decisões conservadoras ou imprudentes, impactando diretamente a saúde financeira. Essa dinâmica se reflete não apenas em investimentos, mas também em hábitos de consumo e gestão de dívidas.

A compreensão dessa interconexão é essencial para uma educação financeira mais eficaz, que inclua aspectos emocionais. O livro propõe integrar a inteligência emocional na prática financeira, oferecendo ferramentas para que os leitores reconheçam e gerenciem suas emoções. Isso visa promover decisões mais racionais e uma relação saudável com o dinheiro, alinhando objetivos financeiros com valores pessoais.

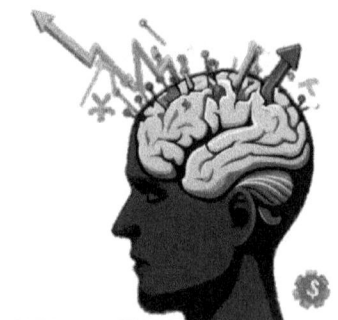

CAPÍTULO 1
A MENTE HUMANA E O DINHEIRO

A Importância da Psicologia nas Finanças

Quando falamos sobre finanças, o foco tradicional costuma recair sobre números, taxas, gráficos e fórmulas matemáticas. Contudo, há um fator muitas vezes negligenciado que pode ser tão influente quanto os dados econômicos: as emoções humanas. A psicologia, com suas profundas implicações comportamentais, desempenha um papel central em decisões financeiras, tanto para o investidor individual quanto para gestores e economistas.

O estudo da relação entre psicologia e finanças tem suas raízes no campo emergente das finanças comportamentais, que desafia a noção de que os indivíduos são sempre racionais em suas escolhas financeiras.

O pressuposto de que o investidor atua de maneira lógica, visando maximizar retornos e minimizar perdas, nem sempre se aplica no mundo real. Na verdade, as decisões financeiras frequentemente são distorcidas por emoções, como medo, otimismo, ganância e até mesmo euforia. A psicologia humana, assim, emerge como um fator essencial na compreensão de como as pessoas administram seu dinheiro, investem em mercados e reagem a crises econômicas.

Vieses Cognitivos e Decisões Irracionais

A pesquisa sobre o comportamento financeiro revela que a mente humana está sujeita a uma série de vieses cognitivos que afetam a maneira como as pessoas interpretam informações financeiras e tomam decisões. Um dos exemplos mais conhecidos é o viés de confirmação, que leva os indivíduos a buscarem e darem mais importância a informações que reforçam suas crenças pré-existentes. Isso pode ocorrer, por exemplo, quando um investidor está excessivamente confiante em uma ação e ignora dados que sugerem que sua escolha pode não ser tão acertada quanto parece.

Outro viés comum é a aversão à perda. Estudos mostram que as pessoas sentem a dor da perda mais intensamente do que a alegria do ganho. Isso pode levar a comportamentos irracionais, como evitar investimentos que envolvem algum grau de risco, mesmo quando o potencial de retorno é elevado. A aversão à perda também pode ser vista no comportamento dos investidores durante crises financeiras, quando a venda precipitada de ativos devido ao medo de perdas se torna mais comum. Ao invés de manter uma visão de longo prazo e racionalizar que o mercado pode se recuperar, muitos optam por realizar perdas imediatas, influenciados pelo pânico momentâneo.

Esses vieses, entre outros, evidenciam como a psicologia e o emocional afetam diretamente a tomada de decisão financeira. Eles ilustram que, mesmo diante de informações claras e objetivas, o comportamento humano pode ser influenciado por fatores emocionais e psicológicos que distorcem a realidade econômica.

O Ciclo Emocional do Mercado Financeiro

Outro exemplo da influência psicológica nas finanças é o ciclo emocional observado nos mercados. Este ciclo, amplamente documentado por analistas financeiros, descreve a série de emoções pelas quais investidores passam à medida que o mercado oscila. Nos momentos de alta, é comum observar uma fase de euforia, onde os investidores acreditam que os preços continuarão subindo indefinidamente. É nessa fase que a ganância costuma se manifestar, levando a decisões irracionais, como comprar ativos supervalorizados ou aumentar a exposição ao risco. Em contrapartida, durante os períodos de baixa, prevalece o medo, com muitos investidores optando por vender seus ativos a preços depreciados, em vez de manter suas posições e esperar pela recuperação do mercado.

Essas reações emocionais coletivas podem criar bolhas financeiras e crises. A bolha da internet nos anos 2000, a crise imobiliária de 2008 e até a recente volatilidade de ações populares nas redes sociais mostram como a psicologia coletiva pode inflacionar preços, distorcer a realidade do valor dos ativos e levar a consequências financeiras devastadoras.

A Relevância da Autoconsciência e do Controle Emocional

Reconhecer a importância da psicologia nas finanças é o primeiro passo para controlar suas influências nocivas. A autoconsciência, ou seja, a capacidade de reconhecer as próprias emoções e os vieses cognitivos que as acompanham, é uma habilidade crucial para qualquer pessoa que deseja tomar decisões financeiras mais sólidas e fundamentadas. Em particular, investidores experientes aprendem a gerenciar suas emoções, adotando estratégias de longo prazo e evitando agir impulsivamente com base em flutuações de curto prazo.

A prática do autocontrole emocional também é favorecida por estratégias como a diversificação de investimentos, o estabelecimento de metas claras e a revisão periódica de objetivos financeiros. Esses métodos ajudam os indivíduos a manter a racionalidade, mesmo diante de situações de mercado voláteis ou incertas. Além disso, o planejamento financeiro orientado por princípios de disciplina emocional pode prevenir decisões precipitadas e reduzir os efeitos negativos das emoções no desempenho de uma carteira de investimentos.

Por que entender nossas emoções pode melhorar nossas decisões financeiras?

Em um mundo cada vez mais conectado, as decisões financeiras são frequentemente influenciadas por fatores emocionais, que muitas vezes são negligenciados em favor de análises técnicas e dados de mercado. Compreender nossas emoções e seu impacto nas decisões financeiras é essencial para evitar erros comuns e otimizar a gestão de recursos, promovendo assim a independência financeira.

As emoções como medo, euforia e frustração desempenham papéis significativos nas nossas decisões financeiras. O cérebro humano, que evoluiu para lidar com riscos de curto prazo, pode levar a comportamentos irracionais quando aplicado ao mundo financeiro. O medo pode causar vendas precipitadas em mercados em queda, enquanto a euforia pode resultar em riscos excessivos. Portanto, entender e reconhecer essas emoções é crucial para desenvolver estratégias que neutralizem suas influências, permitindo decisões mais racionais.

A autoconsciência emocional é uma ferramenta fundamental nesse processo. Identificar e refletir sobre os próprios estados emocionais pode ajudar investidores a evitar reações impulsivas. Um investidor autoconsciente, por exemplo, pode perceber a ansiedade durante uma queda de mercado e, ao invés de vender, voltar a um plano de longo prazo, reconhecendo que oscilações são normais. Além disso, a autoconsciência permite a criação de estratégias personalizadas que acomodem as tendências emocionais de cada indivíduo.

Compreender as emoções também ajuda a distinguir entre comportamentos de curto e longo prazo. As reações emocionais são frequentemente desencadeadas por estímulos imediatos, como quedas abruptas ou picos nos mercados. Contudo, retornos financeiros significativos geralmente requerem paciência e controle emocional. Muitos investidores caem na armadilha do "market timing", permitindo que emoções momentâneas os guiem, enquanto aqueles que dominam suas emoções conseguem manter o foco nas metas de longo prazo.

Para aprimorar decisões financeiras com base na compreensão emocional, estratégias práticas podem ser implementadas. Um plano financeiro sólido, baseado em dados reais, pode servir como um guia durante momentos de instabilidade emocional. Práticas de mindfulness financeiro ajudam a aumentar a consciência das emoções, permitindo uma reflexão que evita reações impulsivas. Além disso, a mentalidade de aprendizado contínuo, refletindo sobre decisões passadas, pode ajudar a identificar padrões emocionais prejudiciais e construir autocontrole.

Entender as emoções é crucial para melhorar a tomada de decisões financeiras e aumentar as chances de sucesso a longo prazo. A capacidade de identificar e gerenciar sentimentos durante períodos de incerteza coloca o indivíduo em uma posição de controle sobre seu patrimônio. O equilíbrio entre razão e emoção é vital para decisões financeiras informadas e seguras, sendo essa habilidade uma vantagem competitiva em um mercado volátil e desafiador.

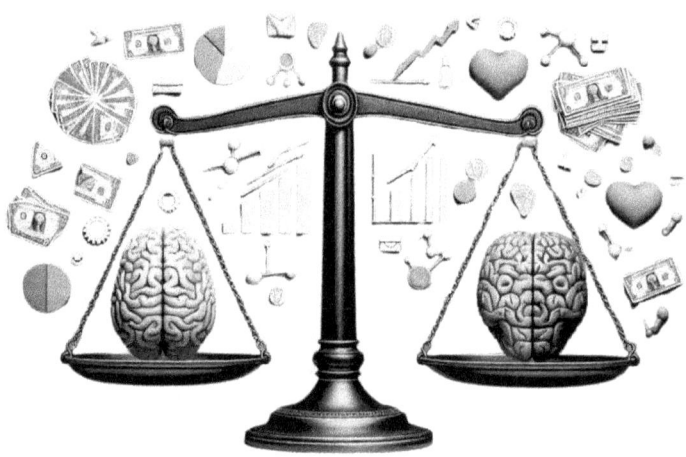

CAPÍTULO 2

O PAPEL DAS EMOÇÕES NAS DECISÕES FINANCEIRAS

Medo e Ganância no Mercado Financeiro

As emoções desempenham um papel significativo nas decisões financeiras, influenciando como os investidores percebem e reagem aos movimentos do mercado. Entre as emoções mais poderosas e amplamente reconhecidas que afetam o comportamento dos investidores estão o medo e a ganância. Essas duas forças têm o potencial de moldar o ciclo dos mercados, amplificar bolhas e exacerbar crises. Entender como o medo e a ganância operam é essencial para quem busca tomar decisões financeiras mais equilibradas e menos suscetíveis a oscilações emocionais.

O Papel do Medo nas Decisões Financeiras

O medo é uma emoção primária que serve a um propósito de sobrevivência. Desde os tempos antigos, ele nos ajudou a evitar perigos iminentes. No entanto, no contexto financeiro, o medo pode se manifestar de maneiras que prejudicam a capacidade de tomar decisões racionais. Quando os mercados enfrentam quedas ou crises, o medo leva os investidores a adotar comportamentos de aversão ao risco, como a venda precipitada de ativos, o que muitas vezes agrava ainda mais a situação.

O medo financeiro surge especialmente em períodos de incerteza, como durante crises econômicas globais, colapsos do mercado de ações ou recessões prolongadas. Nesses momentos, as notícias negativas se espalham rapidamente e têm um impacto desproporcional sobre a percepção do público. A mídia tende a amplificar os sinais de perigo, levando os investidores a reagirem exageradamente e a adotarem uma mentalidade de fuga.

Um exemplo clássico do medo no mercado financeiro foi a crise de 2008. Durante esse período, os investidores experimentaram uma profunda perda de confiança nas instituições financeiras e no sistema econômico global. O medo de perder economias e investimentos suados levou muitos a venderem suas posições em ações, independentemente dos fundamentos das empresas, a fim de evitar perdas futuras. No entanto, essa reação baseada no medo resultou em uma maior volatilidade nos mercados, agravando a queda das ações e criando um efeito dominó que se espalhou globalmente.

Outro exemplo notável ocorreu durante a pandemia de COVID-19, em 2020, quando o medo da incerteza econômica global e das consequências da pandemia levou os mercados a uma queda significativa em março daquele ano. Os investidores, temendo o pior cenário possível, realizaram vendas massivas de ações, apenas para ver o mercado se recuperar de forma impressionante nos meses seguintes.

Aqueles que foram dominados pelo medo e venderam seus ativos em pânico muitas vezes perderam a oportunidade de se beneficiar da recuperação subsequente.

O medo nos mercados não se manifesta apenas em vendas precipitadas, mas também em decisões financeiras excessivamente conservadoras. Investidores que foram traumatizados por crises anteriores podem desenvolver uma aversão ao risco duradoura, optando por evitar ações e outros investimentos voláteis em favor de ativos mais seguros, como títulos ou poupança. Embora essa abordagem proteja contra perdas de curto prazo, ela também pode limitar o potencial de crescimento financeiro no longo prazo, já que os ativos mais conservadores costumam oferecer retornos mais baixos.

Para lidar com o medo no mercado financeiro, é importante cultivar autoconsciência e adotar uma abordagem de longo prazo. Reconhecer que as quedas no mercado são parte do ciclo econômico pode ajudar os investidores a não reagirem impulsivamente. Além disso, manter um portfólio diversificado e revisar constantemente seus objetivos financeiros de longo prazo pode reduzir o impacto emocional das flutuações do mercado e permitir uma maior resiliência durante períodos de incerteza.

Ganância: O desejo de ganhos rápidos e ilimitados

Se o medo leva os investidores a evitar perdas e adotar uma abordagem conservadora, a ganância os empurra na direção oposta — para assumir riscos excessivos na busca de ganhos rápidos e significativos. A ganância é alimentada pelo desejo de "não ficar de fora" dos momentos de alta do mercado ou de oportunidades de grande retorno financeiro. Quando o mercado está em uma fase de expansão, a ganância pode dominar a mentalidade dos investidores, levando-os a acreditar que o crescimento será contínuo e ilimitado.

Esse fenômeno é evidente em fases de euforia econômica, como as que precederam a bolha das pontocom no final dos anos 1990. Durante aquele período, o crescimento acelerado das empresas de tecnologia e a expectativa de lucros enormes criaram uma mentalidade de ganância desenfreada. Investidores, guiados pela promessa de ganhos fáceis, compravam ações de empresas de tecnologia, muitas das quais sequer tinham lucros ou um modelo de negócios sustentável. A crença irracional de que os preços das ações continuariam subindo indefinidamente alimentou uma bolha financeira que, inevitavelmente, estourou, resultando em enormes perdas para aqueles que haviam investido cegamente.

Outro exemplo clássico de ganância desenfreada foi a crise do subprime de 2008. Durante os anos que antecederam a crise, o mercado imobiliário nos Estados Unidos experimentou uma alta impulsionada pelo fácil acesso ao crédito e pela crença generalizada de que os preços das casas continuariam a subir. Investidores, bancos e corretores de hipotecas, todos movidos pela ganância, participaram de um ciclo especulativo perigoso que levou à criação de produtos financeiros arriscados e de difícil compreensão. Quando o mercado imobiliário entrou em colapso, os efeitos foram devastadores, mostrando como a ganância coletiva pode resultar em consequências catastróficas.

A ganância também se manifesta em comportamentos de "excesso de confiança", quando os investidores acreditam que possuem uma habilidade especial para identificar as melhores oportunidades e, por isso, assumem riscos cada vez maiores. Esse comportamento é perigoso porque os mercados são imprevisíveis, e muitas vezes o sucesso em um investimento específico pode ser resultado de sorte ou condições temporárias, e não de habilidade.

Os investidores movidos pela ganância tendem a ignorar os sinais de alerta e a negligenciar a diversificação do portfólio, colocando todos os seus recursos em um ativo ou setor que está em alta. Isso pode ser particularmente perigoso, pois, quando o mercado muda, eles não têm uma estratégia de proteção para mitigar as perdas. A ganância, quando não controlada, pode levar ao colapso financeiro, como visto repetidamente em crises econômicas ao longo da história.

O ciclo emocional: Medo e ganância em ação

Medo e ganância frequentemente atuam em ciclos opostos no mercado financeiro, mas ambos podem contribuir para a volatilidade do mercado. Durante uma fase de alta, a ganância leva os investidores a exagerar no otimismo, assumindo riscos cada vez maiores na esperança de obter lucros extraordinários. No entanto, à medida que os preços dos ativos sobem além de seus valores fundamentais, o mercado se torna insustentável e a correção inevitável. Quando o mercado começa a cair, o medo toma o lugar da ganância, levando a uma venda em massa de ativos e à desvalorização dos preços.

Esse ciclo pode ser explicado por um fenômeno psicológico chamado comportamento de manada, em que os indivíduos seguem as ações de outros investidores, seja na compra ou na venda de ativos. Durante períodos de alta, a ganância coletiva cria uma pressão social para comprar, mesmo que as avaliações de mercado estejam infladas. Da mesma forma, durante uma queda, o medo coletivo desencadeia pânico, levando à liquidação de ativos a qualquer preço.

A famosa frase de Warren Buffett, "Seja ganancioso quando os outros estão com medo e tenha medo quando os outros estão gananciosos", reflete o entendimento de como esses dois extremos emocionais moldam o comportamento do mercado. Os investidores mais bem-sucedidos são aqueles que conseguem se distanciar das emoções coletivas de medo e ganância, tomando decisões baseadas em análise objetiva e focando no longo prazo.

Como Gerenciar Medo e Ganância no Mercado Financeiro

Para evitar os extremos de medo e ganância, é crucial adotar uma abordagem disciplinada para investir. Isso inclui a criação de um plano financeiro sólido, com metas de longo prazo claras, e a prática da diversificação de ativos. Além disso, é importante reconhecer que tanto o medo quanto a ganância são emoções naturais que todos os investidores experimentam. A chave está em como essas emoções são gerenciadas.

Uma estratégia eficaz é estabelecer critérios claros para a compra e venda de ativos, de modo a não tomar decisões impulsivas baseadas em emoções momentâneas. O uso de stop-losses, limites automáticos de perdas, pode ajudar a limitar o impacto de quedas significativas no mercado, enquanto a reavaliação periódica da carteira garante que os investidores não fiquem excessivamente expostos a ativos de risco.

Outro ponto importante é a educação financeira contínua. Investidores informados são menos suscetíveis a serem influenciados pelas emoções do mercado, pois têm uma compreensão mais profunda dos ciclos econômicos e da natureza volátil dos investimentos. Ao construir um conhecimento sólido sobre como o mercado funciona, é mais fácil manter a calma durante períodos de crise e resistir à tentação de seguir o comportamento da manada.

CAPÍTULO 3
COMO CONTROLAR AS EMOÇÕES NAS FINANÇAS

Estratégias para Gerenciar o Estresse Financeiro

O estresse financeiro é uma realidade que afeta pessoas de todas as classes sociais, especialmente em tempos de incerteza econômica ou crises financeiras pessoais. Ele surge da preocupação com a falta de recursos, dívidas ou a sensação de perda de controle sobre o próprio dinheiro. Esse tipo de estresse pode ter um impacto significativo não apenas na saúde mental e física, mas também nas decisões financeiras, levando a comportamentos que podem agravar ainda mais a situação financeira.

Dada a complexidade dessa questão, é fundamental desenvolver e aplicar estratégias que ajudem a mitigar o estresse financeiro, permitindo uma tomada de decisão mais racional e eficaz. Este capítulo explora as principais abordagens para gerenciar o estresse financeiro, abordando tanto técnicas práticas quanto a importância do desenvolvimento de uma mentalidade financeira saudável.

1. Estabelecer um planejamento financeiro sólido

A primeira e mais essencial estratégia para gerenciar o estresse financeiro é o desenvolvimento de um planejamento financeiro sólido. A falta de um plano claro é uma das principais fontes de estresse, pois muitas vezes as pessoas sentem que estão navegando sem rumo, sem controle sobre sua situação. Um plano financeiro, que inclua orçamento, metas de curto, médio e longo prazo, além de estratégias de poupança e investimento, fornece uma base sólida para lidar com desafios financeiros.

Orçamento mensal: Um dos principais componentes de um planejamento financeiro eficaz é o orçamento mensal. Ele permite visualizar todas as receitas e despesas, fornecendo uma imagem clara de como o dinheiro está sendo gasto. O orçamento ajuda a identificar áreas em que é possível economizar, evitando o gasto excessivo em categorias desnecessárias. Estabelecer limites para gastos em lazer, compras e outros itens supérfluos pode trazer uma sensação imediata de controle, reduzindo o estresse financeiro.

Divisão de metas: Outro aspecto importante do planejamento é a definição de metas financeiras claras. Elas podem ser divididas em curto, médio e longo prazo. Metas de curto prazo podem incluir a quitação de dívidas ou a criação de uma reserva de emergência, enquanto metas de longo prazo podem abranger a aposentadoria ou a compra de um imóvel. Ter essas metas bem definidas ajuda a manter o foco e evita que o estresse financeiro se agrave com a sensação de estar sempre "correndo atrás" de compromissos imediatos.

2. Criar uma reserva de emergência

Uma das formas mais eficazes de combater o estresse financeiro é a criação de uma reserva de emergência. Ter uma quantia de dinheiro disponível para lidar com imprevistos, como problemas de saúde, demissão ou reparos inesperados em casa ou no carro, pode proporcionar uma grande sensação de segurança. A falta de uma reserva pode fazer com que qualquer imprevisto seja encarado com pânico, agravando a ansiedade.

A recomendação padrão é que a reserva de emergência cubra entre três e seis meses de despesas essenciais. Para pessoas que trabalham em setores mais instáveis ou que são autônomas, essa reserva pode ser ainda maior, garantindo que, em momentos de queda na receita, as contas ainda possam ser pagas sem que haja a necessidade de recorrer a dívidas ou de liquidar investimentos com prejuízo.

Construir uma reserva de emergência pode parecer um desafio, especialmente para aqueles que já estão lidando com dívidas ou despesas elevadas. No entanto, o hábito de poupar pequenas quantias regularmente, mesmo que inicialmente sejam valores modestos, pode resultar em uma reserva considerável ao longo do tempo. Uma técnica útil é automatizar depósitos em uma conta separada, de forma que o processo de poupança ocorra sem intervenção direta.

3. Reduzir e gerenciar dívidas de forma eficiente

As dívidas são uma das principais fontes de estresse financeiro. Os altos juros e os prazos alongados podem criar uma sensação de sufocamento, fazendo com que muitas pessoas sintam que não conseguem sair do ciclo da dívida. Para gerenciar o estresse causado pelas dívidas, é crucial adotar estratégias para reduzi-las de maneira eficiente.

Uma abordagem comum é a estratégia da "bola de neve", que consiste em pagar as dívidas menores primeiro, liberando-se de compromissos menores rapidamente, o que gera uma sensação imediata de progresso. Outra estratégia é a do "avalanche", onde os pagamentos são direcionados para as dívidas com as maiores taxas de juros, reduzindo o custo total ao longo do tempo.

Além disso, é importante evitar o acúmulo de novas dívidas. Cartões de crédito, por exemplo, são uma das maiores armadilhas financeiras para quem já enfrenta dificuldades. Se possível, adotar uma política de pagamento integral da fatura do cartão ao fim de cada mês pode ajudar a evitar os juros altos e o estresse que acompanha o endividamento.

4. Praticar a educação financeira contínua

A falta de conhecimento financeiro é outro fator que pode intensificar o estresse. Muitas pessoas não têm a formação necessária para compreender conceitos básicos como juros compostos, diversificação de investimentos, ou como planejar a aposentadoria. Essa lacuna de conhecimento pode gerar insegurança e decisões equivocadas, o que por sua vez aumenta o estresse financeiro.

Investir tempo em educação financeira contínua é uma das maneiras mais eficazes de reduzir o estresse e aumentar a confiança nas decisões financeiras. Existem inúmeros recursos gratuitos ou de baixo custo, como livros, podcasts, vídeos e cursos online, que podem fornecer informações essenciais para uma gestão financeira mais eficaz.

A educação financeira também ajuda a evitar armadilhas comuns, como o investimento em produtos financeiros de alto risco ou a dependência de crédito fácil. Quanto mais informada uma pessoa se torna, mais capaz ela é de evitar erros caros e de desenvolver uma abordagem financeira mais calma e controlada.

5. Desenvolver resiliência emocional e mental

Controlar o estresse financeiro não envolve apenas estratégias técnicas, mas também o desenvolvimento de resiliência emocional e mental. A forma como uma pessoa reage a desafios financeiros muitas vezes é moldada pela sua mentalidade. Padrões de pensamento como o catastrofismo – imaginar sempre o pior cenário possível – podem aumentar o estresse. Trabalhar a saúde mental pode ser um caminho poderoso para controlar as emoções e lidar de forma mais racional com as finanças.

A prática de meditação e mindfulness tem sido amplamente recomendada para lidar com o estresse financeiro. Essas práticas ajudam a aumentar a consciência emocional e a reduzir a ansiedade ao focar no presente. A meditação, em particular, pode ser uma ferramenta eficaz para acalmar a mente durante momentos de crise financeira, permitindo que decisões mais racionais sejam tomadas.

Além disso, buscar apoio emocional, seja através de terapia, seja através de conversas com amigos ou familiares de confiança, pode aliviar o peso do estresse financeiro. Muitas vezes, o simples ato de verbalizar as preocupações pode reduzir a ansiedade e trazer novas perspectivas sobre como abordar a situação.

6. Revisar e ajustar regularmente o plano financeiro

Outro aspecto crucial do gerenciamento do estresse financeiro é a revisão regular do plano financeiro. O mercado e a vida pessoal são dinâmicos e, portanto, os planos financeiros precisam ser ajustados ao longo do tempo para refletir mudanças como aumentos de renda, novas despesas ou eventos inesperados.

Revisar o plano regularmente ajuda a identificar áreas que precisam de ajustes e permite uma visão clara de onde melhorias podem ser feitas. Essa prática também oferece uma oportunidade para celebrar os sucessos, como a quitação de uma dívida ou a ampliação da reserva de emergência, o que reforça o sentimento de controle e reduz o estresse.

Além disso, ajustar expectativas é uma parte essencial do processo de revisão. Nem sempre será possível atingir todas as metas no prazo originalmente planejado, e reconhecer isso faz parte de uma gestão emocional saudável. Ao flexibilizar metas de curto prazo sem perder de vista os objetivos maiores, é possível manter o equilíbrio emocional mesmo quando surgem contratempos.

O Poder do Autocontrole e da Disciplina no Investimento

O autocontrole e a disciplina são elementos fundamentais para o sucesso nos investimentos. Em um ambiente financeiro repleto de incertezas, onde as emoções frequentemente influenciam decisões, a capacidade de se manter firme em um plano de investimento pode fazer a diferença entre o sucesso e o fracasso. Este capítulo explora a importância do autocontrole e da disciplina, apresentando estratégias práticas para desenvolvê-los e aplicá-los nas decisões financeiras.

1. A Natureza das emoções nos investimentos

As emoções desempenham um papel significativo nas decisões de investimento. Medo e ganância são as emoções mais comuns que afetam os investidores, levando a decisões impulsivas que podem prejudicar o desempenho financeiro. Quando os mercados estão em alta, a ganância pode levar os investidores a tomar riscos excessivos, enquanto, em momentos de queda, o medo pode provocar vendas precipitadas de ativos.

Para navegar nesse terreno emocional, é essencial cultivar o autocontrole. O autocontrole permite que os investidores resistam à tentação de agir com base em emoções momentâneas. Aqueles que conseguem manter a calma e se manter fiéis a suas estratégias são mais propensos a alcançar resultados positivos a longo prazo.

2. A Importância da disciplina na construção de uma carteira de investimentos

A disciplina é vital na construção e manutenção de uma carteira de investimentos. Criar uma carteira bem diversificada e alinhada com os objetivos financeiros pessoais é um passo importante. No entanto, manter essa carteira ao longo do tempo requer disciplina e um compromisso com a estratégia definida.

- Definição de uma Estratégia de Investimento: Antes de iniciar os investimentos, é fundamental ter uma estratégia clara que inclua a alocação de ativos, critérios para compra e venda, e metas financeiras. Essa estratégia deve ser baseada em uma análise cuidadosa e não em emoções.
- Rebalanceamento Regular: O rebalanceamento da carteira, que envolve ajustar a alocação de ativos de acordo com as mudanças no mercado e nas circunstâncias pessoais, é uma prática que exige disciplina. Sem essa prática, um investidor pode acabar excessivamente exposto a um único ativo ou setor, aumentando o risco.
- Resistir a Mudanças Impulsivas: Durante períodos de alta volatilidade, muitos investidores se sentem pressionados a mudar suas estratégias. A disciplina permite que os investidores mantenham suas decisões de investimento, evitando reações impulsivas que podem resultar em perdas significativas.

3. Técnicas para desenvolver autocontrole e disciplina

Desenvolver autocontrole e disciplina não é uma tarefa simples, mas existem técnicas que podem ajudar os investidores a fortalecer essas habilidades:
- Estabelecimento de Regras de Investimento: Criar regras pessoais para o investimento pode ajudar a manter o foco e a disciplina. Isso pode incluir regras sobre quando comprar ou vender um ativo, limites de perda, e metas de lucro.
- Uso de Planos Automáticos: Implementar investimentos automáticos, como planos de previdência ou aportes regulares em um fundo de investimentos, ajuda a evitar decisões emocionais e a manter a disciplina ao longo do tempo.
- Visualização de Metas: A prática de visualizar as metas financeiras pode aumentar a motivação e o comprometimento com o plano de investimento. Manter um lembrete visual das metas e do progresso pode reforçar o autocontrole.

- Técnicas de Respiração e Mindfulness: Incorporar técnicas de respiração profunda e mindfulness pode ajudar a acalmar a mente e a tomar decisões mais racionais durante momentos de estresse emocional.

4. O papel da paciência e da perseverança nos investimentos

A paciência e a perseverança são virtudes essenciais para investidores bem-sucedidos. O mercado financeiro é imprevisível, e os resultados podem demorar a aparecer. A disciplina permite que os investidores permaneçam focados em seus objetivos, mesmo quando os resultados não são imediatos.

- Aceitação da Volatilidade: É importante aceitar que a volatilidade é uma parte natural do mercado. Aqueles que conseguem manter a calma durante períodos de flutuação estão em uma posição melhor para colher os benefícios a longo prazo.
- Aprendizado com os Erros: Todos os investidores cometem erros. A disciplina não implica em evitar erros, mas em aprender com eles e não deixar que eles afetem as decisões futuras. Isso requer uma mentalidade de crescimento, onde os desafios são vistos como oportunidades de aprendizado.
- Persistência na Estratégia: Investidores disciplinados mantêm suas estratégias, mesmo em face de adversidades. Eles entendem que os resultados a longo prazo dependem da consistência e da perseverança, não de decisões impulsivas.

5. A influência do ambiente e das relações sociais

O ambiente em que um investidor opera e as relações sociais que ele mantém também desempenham um papel significativo no autocontrole e na disciplina:

- Criação de um Ambiente Favorável: Minimizar a exposição a informações que possam causar ansiedade, como notícias financeiras negativas, pode ajudar a manter a clareza mental. Um ambiente calmo e organizado pode promover a disciplina na tomada de decisões.

- Relações de Apoio: Cercar-se de pessoas que compartilham valores semelhantes em relação a investimentos e finanças pode ajudar a fortalecer a disciplina. Discussões saudáveis sobre investimentos podem fornecer perspectivas valiosas e motivação para manter o foco.
- Evitar Comparações: Comparar-se com outros investidores pode levar a decisões baseadas em emoções, como inveja ou medo. É fundamental lembrar que cada investidor tem uma trajetória única e que as comparações podem ser prejudiciais.

O autocontrole e a disciplina são essenciais para o sucesso no investimento. Desenvolver essas habilidades permite que os investidores resistam à tentação de agir por impulso e mantenham o foco em suas metas financeiras. Por meio da criação de um planejamento sólido, da implementação de técnicas para aumentar o autocontrole e da construção de um ambiente favorável, é possível não apenas gerenciar emoções, mas também construir uma carreira de investimento sustentável e bem-sucedida. No final, a verdadeira riqueza não está apenas nos resultados financeiros, mas na paz de espírito que vem de saber que se está no controle das próprias decisões financeiras.

CAPÍTULO 4
CASOS REAIS E LIÇÕES APRENDIDAS

Estudos de Caso de Erros Comuns por Causa de Decisões Emocionais

As emoções desempenham um papel significativo nas decisões financeiras, e muitos investidores já enfrentaram consequências desastrosas por causa de reações emocionais em momentos de crise. Este capítulo explora estudos de caso que ilustram como erros comuns, frequentemente impulsionados por emoções como medo, ganância e ansiedade, podem levar a resultados prejudiciais. Ao aprender com esses casos, os investidores podem desenvolver uma abordagem mais racional e disciplinada em relação ao investimento.

1. O caso da Tulipomania

A Tulipomania, ocorrida na Holanda no século XVII, é frequentemente considerada uma das primeiras bolhas especulativas documentadas. Durante esse período, os preços das tulipas dispararam, impulsionados pela especulação desenfreada e pelo desejo de posse das flores exóticas.

- A Euforia Coletiva: À medida que o valor das tulipas aumentava, cada vez mais investidores se juntavam ao mercado, motivados pela expectativa de lucros rápidos. O desejo de participar desse fenômeno levou a uma corrida insensata, onde os preços foram inflacionados além de qualquer valor real. Esse comportamento exacerbado demonstra como a ganância pode levar a decisões irracionais.

- O Colapso e suas Lições: Quando os preços finalmente desabaram, muitos investidores perderam grandes somas de dinheiro. O pânico se espalhou rapidamente, mostrando que as decisões baseadas em emoções podem resultar em perdas substanciais. O caso da Tulipomania é uma lembrança poderosa da importância de uma análise racional e da cautela ao investir.

2. O colapso da Enron

O colapso da Enron, em 2001, é um exemplo chocante de como a cultura corporativa e a pressão por resultados podem levar a decisões ruins e enganosas. A empresa estava envolvida em práticas contábeis fraudulentas que mascaravam sua verdadeira situação financeira.

- Cultura de Ganância: A busca incessante por lucros a qualquer custo incentivou executivos a ignorar práticas éticas em favor de resultados imediatos. A pressão para apresentar números positivos gerou um ambiente onde a integridade foi sacrificada.
- Consequências Devastadoras: Quando as fraudes foram descobertas, o mercado entrou em colapso, e muitos investidores perderam tudo. O caso da Enron ressalta como a ganância e a falta de transparência podem levar a consequências catastróficas, sublinhando a importância da ética e da responsabilidade no investimento.

3. O crash de 1929

O crash da bolsa de valores de 1929 é um marco na história econômica, ilustrando o impacto devastador das decisões emocionais. Durante a década de 1920, o mercado estava em alta, e muitos investidores, impulsionados pela euforia, compraram ações sem considerar os fundamentos.

- O Pânico Coletivo: Quando o mercado começou a cair, o medo tomou conta dos investidores. A venda em massa levou a uma queda acentuada dos preços, resultando em uma crise econômica que afetou milhões. A reação emocional, impulsionada pelo pânico, teve

um efeito devastador, demonstrando como as emoções podem distorcer o julgamento.
- Lição a Ser Aprendida: O crash de 1929 é um lembrete da importância de manter a calma e a disciplina, mesmo em tempos de incerteza. A análise cuidadosa e a consideração dos fundamentos são essenciais para evitar decisões precipitadas.

4. A crise das hipotecas subprime

A crise das hipotecas subprime de 2007-2008 é um exemplo contemporâneo de como decisões emocionais podem impactar os mercados financeiros. Impulsionados pela crença de que o mercado imobiliário sempre subiria, muitos investidores e instituições financeiras fizeram empréstimos de alto risco.
- O Efeito da Ganância: A busca por retornos rápidos levou à concessão de hipotecas sem a devida avaliação de riscos. Muitos investidores ignoraram sinais de alerta, movidos pela esperança de que os preços dos imóveis nunca cairiam.
- Desastre Financeiro: Quando a bolha estourou, milhões de pessoas perderam suas casas e economias. A crise teve repercussões globais, evidenciando como a ganância pode obscurecer o julgamento e resultar em consequências devastadoras. A lição aqui é clara: a análise cuidadosa dos riscos é fundamental antes de tomar decisões financeiras.

5. O mercado de criptomoedas

O recente aumento e queda das criptomoedas, especialmente o Bitcoin, ilustra erros emocionais contemporâneos. Durante os picos de preço, muitos investidores, motivados pela euforia, compraram ativos sem uma análise adequada.
- O Impacto da Euforia: O desejo de lucrar rapidamente levou muitos a investir em criptomoedas sem entender totalmente os riscos envolvidos. Quando os preços começaram a cair, o medo se espalhou, resultando em vendas em massa.

- O Perigo da Decisão Impulsiva: O caso das criptomoedas destaca a importância de abordar novos mercados com cautela. Uma análise fundamentada é crucial para evitar decisões baseadas apenas em emoções, que podem levar a perdas significativas.

6. O erro da venda durante o pânico

Um erro comum entre investidores é a venda de ativos durante momentos de pânico. Durante a pandemia de COVID-19 em 2020, muitos liquidaram suas posições em resposta a um mercado em queda.

- Reação Emocional: A incerteza levou a uma onda de vendas, onde muitos investidores se desesperaram e realizaram perdas significativas. Aqueles que venderam em pânico perderam a chance de participar da recuperação do mercado.
- A Importância da Disciplina: Esse caso reforça a necessidade de manter a calma e seguir um plano de investimento, mesmo em tempos de incerteza. O autocontrole pode ser a chave para evitar decisões precipitadas que resultem em prejuízos.

7. O efeito da comparação Social

O efeito da comparação social é um erro comum que leva investidores a agir com base nas decisões de outros. Isso pode ser observado em diversas situações, como durante a bolha imobiliária anterior à crise de 2008.

- A Pressão de Grupo: Muitos investidores foram incentivados a comprar imóveis apenas porque amigos e familiares estavam fazendo o mesmo, sem considerar os fundamentos do mercado. Essa pressão social pode resultar em decisões imprudentes.
- Lição Importante: O caso ilustra que cada investidor deve seguir sua própria estratégia e considerar sua situação financeira. A comparação com os outros pode levar a decisões erradas e perdas financeiras.

Conclusão
Os estudos de caso de erros comuns por causa de decisões emocionais oferecem uma visão valiosa sobre a importância de uma abordagem racional ao investir. Desde a Tulipomania até a crise das hipotecas subprime, cada exemplo ilustra como as emoções podem distorcer o julgamento e levar a resultados prejudiciais. Ao aprender com esses erros, os investidores podem desenvolver uma mentalidade mais sólida, priorizando a análise cuidadosa e a disciplina sobre reações emocionais. Essa compreensão é essencial para evitar armadilhas e garantir um futuro financeiro mais seguro.

Exemplos de Como Investidores Famosos Lidaram com Emoções em Crises Financeiras

A história do mercado financeiro está repleta de crises que testaram não apenas a resiliência das economias, mas também a emocional dos investidores. Exemplos de investidores famosos que lidaram com emoções durante esses períodos de turbulência podem oferecer lições valiosas sobre como a mentalidade e o comportamento podem influenciar decisões financeiras. Este capítulo explora alguns casos emblemáticos e as lições aprendidas com as reações desses investidores em momentos de crise.

1. Warren Buffett e a crise financeira de 2008
Warren Buffett, conhecido como o "Oráculo de Omaha", é um dos investidores mais respeitados e bem-sucedidos do mundo. Durante a crise financeira de 2008, muitos investidores entraram em pânico e liquidaram suas posições, mas Buffett adotou uma abordagem diferente. Ele manteve a calma e continuou a investir, aproveitando as oportunidades em ações que estavam subvalorizadas.

- **Mentalidade de Longo Prazo:** Buffett sempre enfatizou a importância de uma visão de longo prazo. Durante a crise, ele reiterou que a volatilidade do mercado não deveria desviar os investidores de suas metas de investimento. Essa paciência e visão a longo prazo permitiram que ele capturasse grandes oportunidades durante um período de pessimismo.
- **Análise Rigorosa:** Em vez de seguir o rebanho e agir impulsivamente, Buffett conduziu uma análise rigorosa das empresas nas quais estava interessado. Ele comprou ações da Goldman Sachs e da General Electric, acreditando firmemente em seus fundamentos, mesmo quando o mercado estava em queda. Essa disciplina em manter sua estratégia, mesmo em tempos difíceis, é uma lição valiosa sobre como as emoções podem ser controladas por uma análise lógica.

2. Ray Dalio e a queda de 2008

Ray Dalio, fundador da Bridgewater Associates, um dos maiores fundos de hedge do mundo, é conhecido por sua abordagem baseada em princípios. Durante a crise de 2008, Dalio também enfrentou desafios significativos, mas seu foco em dados e sua metodologia sistemática ajudaram a mitigar o impacto emocional.

- **Diversificação e Preparação:** Antes da crise, Dalio havia previsto a possibilidade de uma recessão e implementou uma estratégia de diversificação em seu portfólio. Isso não apenas ajudou a proteger os investimentos, mas também permitiu que sua equipe operasse com confiança, mesmo em meio à turbulência.
- **Revisão de Princípios:** Após a crise, Dalio revisou e refinou seus princípios de investimento, enfatizando a importância de aprender com os erros. Ele criou uma cultura de feedback em sua empresa, onde as emoções e as falhas eram discutidas abertamente. Essa prática não só ajudou a fortalecer a equipe, mas também garantiu que todos estivessem mais preparados para futuras crises.

3. Peter Lynch e a crise do mercado de ações dos anos 2000

Peter Lynch, famoso por gerir o fundo Magellan da Fidelity, é conhecido por sua abordagem de "investir em o que você conhece". Durante a bolha das empresas ponto com e a subsequente queda do mercado no início dos anos 2000, Lynch destacou a importância de não deixar as emoções governarem as decisões.

- Foco nos Fundamentos: Lynch sempre acreditou que as emoções não deveriam afetar a análise fundamental. Durante a crise, ele incentivou os investidores a se concentrarem nos fundamentos das empresas, ao invés de se deixarem levar por emoções de medo ou euforia. Essa abordagem o ajudou a evitar perdas desnecessárias em um momento de grande incerteza.
- Resiliência e Paciência: Lynch enfatizou a importância da paciência. Mesmo com a volatilidade do mercado, ele manteve suas ações em empresas que apresentavam potencial a longo prazo. Essa resistência emocional é crucial para os investidores que buscam evitar decisões precipitadas em tempos de crise.

4. Charlie Munger e a crise da Dot-com

Charlie Munger, parceiro de longa data de Warren Buffett na Berkshire Hathaway, também é um exemplo notável de autocontrole durante crises. Durante a bolha da internet no final dos anos 90 e a subsequente correção em 2000, Munger destacou a importância da disciplina emocional.

- Crítica ao Excesso de Euforia: Munger foi um crítico vocal do excesso de otimismo que cercou a bolha das ponto com. Sua abordagem racional e cética o levou a evitar investimentos em empresas que não apresentavam fundamentos sólidos, mesmo quando muitos estavam entusiasmados.
- Aprendizado Contínuo: Munger acredita que a capacidade de aprender com os erros é fundamental para o sucesso a longo prazo.

Após a crise, ele e Buffett revisitaram suas estratégias de investimento, enfatizando a importância de manter uma mentalidade de aprendizado contínuo, o que ajudou a fortalecer sua resiliência emocional.

5. Jesse Livermore e a grande depressão

Jesse Livermore, um dos primeiros traders a ganhar notoriedade no início do século 20, é conhecido por sua capacidade de identificar tendências de mercado. Durante a Grande Depressão, Livermore enfrentou uma das crises mais severas da história financeira, mas suas lições sobre autocontrole e disciplina permanecem relevantes.

- A Arte da Observação: Livermore enfatizava a importância de observar o mercado antes de agir. Durante a Grande Depressão, ele usou sua habilidade de leitura de tendências para evitar armadilhas emocionais. Ele não se deixou levar pela onda de pânico que tomou conta do mercado, demonstrando que a paciência e a observação atenta podem prevenir decisões impulsivas.
- Reconhecimento de Limites: Livermore também aprendeu a reconhecer seus próprios limites emocionais. Ele entendia que, mesmo sendo um trader experiente, as emoções poderiam afetar seu julgamento. Ao ser honesto consigo mesmo sobre suas reações emocionais, ele pôde tomar decisões mais informadas e estratégicas.

Conclusão

Os exemplos de investidores famosos que lidaram com emoções em crises financeiras oferecem lições valiosas para todos os investidores. A capacidade de manter a calma, seguir uma estratégia de investimento sólida e aprender com as experiências passadas são habilidades cruciais que podem fazer a diferença entre o sucesso e o fracasso. A disciplina e o autocontrole, quando cultivados, não apenas ajudam a enfrentar os desafios do mercado, mas também fortalecem a confiança em decisões futuras. Ao refletir sobre essas histórias, é possível encontrar inspiração e motivação para desenvolver uma abordagem mais racional e equilibrada em relação aos investimentos.

CAPÍTULO 5
CONSTRUINDO UM FUTURO FINANCEIRO SAUDÁVEL

A Importância de um Plano Financeiro Sólido

Um plano financeiro sólido é a espinha dorsal de uma gestão financeira eficaz e, quando alinhado com a inteligência emocional, pode ser um divisor de águas para investidores de todos os níveis. A elaboração de um plano financeiro não é apenas uma questão de definir metas numéricas; trata-se de criar uma estrutura que permita tomar decisões informadas e conscientes, minimizando a influência negativa das emoções. Um bom plano serve como um guia, proporcionando direção e clareza em tempos de incerteza.

Um dos principais benefícios de um plano financeiro bem estruturado é que ele ajuda a estabelecer metas claras e alcançáveis. Quando os investidores definem objetivos financeiros específicos—seja acumular um determinado montante para a aposentadoria, comprar uma casa ou financiar a educação dos filhos—eles têm um propósito que os motiva a agir. Esse senso de propósito é fundamental, especialmente em momentos de volatilidade nos mercados, onde a tendência pode ser agir impulsivamente. Um plano sólido proporciona um referencial que ajuda a manter o foco e a disciplina, permitindo que os investidores resistam à tentação de fazer mudanças precipitadas baseadas em emoções temporárias, como medo ou euforia.

Além disso, um plano financeiro robusto inclui a avaliação e gerenciamento de riscos, que são intrinsecamente ligados às emoções. Compreender o próprio apetite ao risco e como isso se relaciona com as emoções pode ajudar os investidores a evitar decisões baseadas em picos emocionais. Por exemplo, em períodos de alta volatilidade no mercado, um investidor que não possui um plano claro pode se deixar levar pelo pânico, vendendo ativos no pior momento. Em contraste, aqueles que têm um plano que considera sua tolerância ao risco e suas metas financeiras são mais propensos a manter a calma e seguir sua estratégia, mesmo diante da adversidade.

Outro aspecto crucial de um plano financeiro sólido é a inclusão de estratégias para o gerenciamento emocional. Um bom plano deve prever momentos de crise e incerteza, equipando os investidores com técnicas para lidar com a ansiedade e a pressão que surgem nessas situações. Isso pode incluir a definição de pontos de revisão periódicos para avaliar o progresso, permitindo ajustes com base na realidade financeira e nas condições do mercado, em vez de reações emocionais. Essas revisões ajudam a manter a clareza e a objetividade, aspectos essenciais para uma tomada de decisão informada.

Por fim, um plano financeiro bem elaborado não é um documento estático; deve ser flexível e adaptável. A vida é cheia de mudanças e imprevistos, e um bom plano deve considerar a evolução das circunstâncias pessoais e do ambiente econômico. Essa adaptabilidade permite que os investidores respondam de forma consciente e equilibrada às novas situações, em vez de reagir impulsivamente. Ao integrar um componente emocional à elaboração do plano, os investidores podem se preparar para lidar com os altos e baixos da vida financeira, promovendo uma abordagem mais resiliente e consciente.

Em suma, a importância de um plano financeiro sólido vai muito além da matemática financeira; ele serve como um alicerce que une a razão e a emoção, possibilitando decisões financeiras mais informadas e saudáveis. Com um plano bem estruturado, os investidores podem não apenas alcançar seus objetivos financeiros, mas também cultivar um estado emocional mais estável e seguro em sua jornada financeira.

A Importância da Educação Financeira

A educação financeira é um dos pilares fundamentais para a construção de um futuro financeiro saudável e sustentável. Em um mundo cada vez mais complexo e repleto de opções financeiras, a capacidade de tomar decisões informadas é crucial para alcançar objetivos de vida e garantir segurança financeira. A falta de conhecimento financeiro não só limita as opções disponíveis, mas também aumenta o risco de erros que podem ter consequências graves, como endividamento excessivo ou investimentos mal planejados.

Um dos principais benefícios da educação financeira é a capacitação dos indivíduos para gerir suas finanças pessoais com confiança. Isso inclui o entendimento de conceitos básicos, como orçamentos, juros compostos, investimentos e planejamento para a aposentadoria. Com esse conhecimento, as pessoas podem elaborar planos financeiros que estejam alinhados com suas metas e valores, evitando decisões impulsivas que podem resultar em dificuldades financeiras. Por exemplo, uma pessoa que entende o impacto dos juros sobre dívidas de cartão de crédito estará mais inclinada a pagar suas contas em dia, minimizando os encargos financeiros.

Além disso, a educação financeira é essencial para a construção de uma mentalidade de longo prazo. Muitas vezes, as decisões financeiras são impulsionadas pela emoção ou pela pressa, levando a ações prejudiciais, como gastos excessivos ou vendas precipitadas de investimentos. Através da educação financeira, os indivíduos aprendem a importância de um planejamento cuidadoso e da visão de longo prazo, ajudando a desenvolver a paciência e a disciplina necessárias para resistir a tentações momentâneas. Isso é especialmente relevante em um ambiente de consumo imediato, onde as redes sociais e a publicidade frequentemente incentivam o comportamento impulsivo.

Outro aspecto importante da educação financeira é o empoderamento. Quando as pessoas têm conhecimento sobre suas finanças, elas se sentem mais no controle de suas vidas. Essa sensação de controle é fundamental para o bem-estar emocional e psicológico, pois reduz a ansiedade relacionada ao dinheiro. Além disso, indivíduos bem informados são mais propensos a buscar oportunidades de investimento e a diversificar suas fontes de renda, contribuindo para uma maior segurança financeira ao longo do tempo.

A educação financeira também desempenha um papel vital na promoção da equidade social. Em muitas sociedades, as desigualdades econômicas se perpetuam pela falta de acesso à informação e à formação financeira. Ao fornecer educação financeira de qualidade, podemos ajudar a nivelar o campo de jogo, permitindo que mais pessoas, independentemente de sua origem socioeconômica, tenham a oportunidade de tomar decisões financeiras informadas. Isso não apenas beneficia os indivíduos, mas também contribui para uma economia mais saudável e resiliente, onde mais pessoas têm acesso a oportunidades de crescimento e desenvolvimento.

Por fim, a educação financeira não deve ser vista como um evento isolado, mas sim como um processo contínuo. À medida que as circunstâncias de vida mudam, como o início de uma nova carreira, a formação de uma família ou a aproximação da aposentadoria, as necessidades e prioridades financeiras também evoluem. Portanto, é crucial que os indivíduos busquem continuamente aprender e se atualizar sobre conceitos financeiros e as melhores práticas, adaptando suas estratégias conforme necessário.

Em suma, a educação financeira é uma ferramenta poderosa que permite aos indivíduos gerenciar suas finanças de forma eficaz, tomar decisões informadas e construir um futuro financeiro saudável. Investir tempo e estorço na educação financeira não só traz benefícios pessoais, mas também contribui para uma sociedade mais justa e economicamente estável.

Como Reconhecer e Gerenciar Emoções ao Investir

Reconhecer e gerenciar emoções ao investir é uma habilidade fundamental que pode diferenciar um investidor bem-sucedido de um que enfrenta dificuldades. O primeiro passo para essa gestão emocional é a autoconsciência: entender quais emoções você experimenta em diferentes situações de investimento. Essa consciência permite identificar padrões de comportamento e como suas emoções afetam suas decisões financeiras.

Um dos métodos mais eficazes para desenvolver essa autoconsciência é a prática da auto-reflexão. Isso pode ser feito por meio de um diário de investimentos, onde o investidor registra não apenas as decisões tomadas e seus resultados, mas também os sentimentos que influenciaram essas escolhas. Perguntas como "O que eu senti ao decidir comprar ou vender este ativo?" ou "Quais fatores emocionais estavam em jogo durante essa transação?" podem oferecer insights valiosos. Com o tempo, esse registro pode revelar tendências emocionais, como decisões impulsivas em momentos de euforia ou pânico, permitindo que o investidor se torne mais consciente desses gatilhos.

Outra estratégia importante é a educação financeira contínua. Quanto mais um investidor entende os fundamentos dos mercados e as dinâmicas econômicas, mais seguro ele se sentirá em suas decisões. Essa confiança pode ajudar a mitigar o impacto de emoções negativas, como medo e incerteza. Participar de cursos, ler livros ou acompanhar análises de mercado são formas de se manter atualizado e informado, fortalecendo assim a resiliência emocional.

Além disso, a prática de mindfulness pode ser uma poderosa aliada na gestão emocional. Técnicas de atenção plena, como meditação e respiração consciente, ajudam a acalmar a mente e a desenvolver um maior controle sobre as reações emocionais. Ao se conectar com o momento presente, o investidor pode aprender a observar seus sentimentos sem se deixar levar por eles. Isso proporciona um espaço mental para pensar criticamente antes de agir, evitando decisões precipitadas.

Uma abordagem proativa na definição de regras de investimento também é essencial. Estabelecer critérios claros para compra e venda de ativos, bem como limites de perda, pode reduzir a influência das emoções nas decisões. Por exemplo, um investidor pode decidir vender um ativo se ele perder uma certa porcentagem de seu valor, independentemente de seu estado emocional no momento. Essas regras ajudam a criar um processo mais racional e disciplinado, que se mantém firme mesmo em momentos de alta volatilidade emocional.

Finalmente, é fundamental cultivar uma rede de suporte, seja através de amigos, familiares ou grupos de investimento. Compartilhar experiências e emoções com outros investidores pode proporcionar uma perspectiva externa e ajudar a normalizar as reações emocionais. Ter alguém para discutir preocupações ou ansiedades pode aliviar a pressão e reduzir o estresse associado à tomada de decisões financeiras.

Em resumo, reconhecer e gerenciar emoções ao investir é um processo contínuo que requer prática e comprometimento. Através da autoconsciência, educação, mindfulness, estabelecimento de regras e apoio social, os investidores podem desenvolver uma abordagem mais equilibrada e consciente em relação às suas finanças. Com essas ferramentas, é possível não apenas melhorar o desempenho financeiro, mas também transformar a experiência de investir em um processo mais gratificante e menos estressante.

A Importância de uma Estratégia Clara e Racional

No mundo dos investimentos, onde a volatilidade e a incerteza são constantes, a elaboração de uma estratégia clara e racional é fundamental para o sucesso a longo prazo. Uma estratégia bem definida não apenas fornece um roteiro para as decisões financeiras, mas também atua como um balizador emocional, ajudando os investidores a permanecerem focados em seus objetivos, mesmo diante de flutuações de mercado.

1. Definição de uma Estratégia de Investimento

Uma estratégia de investimento é um plano estruturado que orienta um investidor em suas decisões de compra e venda de ativos. Essa estratégia deve ser baseada em uma análise cuidadosa dos objetivos financeiros, do horizonte de investimento, da tolerância ao risco e das condições de mercado.

Ter uma estratégia clara ajuda os investidores a evitar decisões impulsivas, que muitas vezes são motivadas por emoções como medo ou ganância. Quando os investidores se deparam com oscilações de mercado, uma estratégia bem definida pode lembrá-los de seus objetivos de longo prazo e do porquê de suas decisões iniciais.

2. Elementos de uma Estratégia de Investimento Eficaz

Uma estratégia eficaz deve incluir vários elementos essenciais:

2.1 Definição de Objetivos

Os investidores devem começar definindo seus objetivos financeiros de maneira clara e específica. Isso pode incluir objetivos de curto prazo, como a compra de um imóvel, e objetivos de longo prazo, como a aposentadoria. Ter metas bem definidas permite que os investidores alinhem suas estratégias de investimento com suas aspirações financeiras.

2.2 Avaliação do Perfil de Risco

Entender a própria tolerância ao risco é crucial para desenvolver uma estratégia de investimento sólida. Os investidores devem se perguntar: "Quão confortável estou com a ideia de perder dinheiro temporariamente?" Esta autoavaliação ajuda a criar um portfólio que reflita suas necessidades emocionais e financeiras.

2.3 Diversificação de Ativos

Uma estratégia clara deve incluir um plano para diversificação de ativos. Investir em diferentes classes de ativos, como ações, títulos, imóveis e commodities, pode ajudar a reduzir o risco e aumentar a estabilidade do portfólio. A diversificação atua como um amortecedor em tempos de volatilidade, pois diferentes ativos podem reagir de maneira diferente às condições de mercado.

2.4 Análise de Performance e Rebalanceamento

É fundamental que a estratégia inclua um plano para monitorar e avaliar o desempenho dos investimentos. Isso permite que os investidores ajustem sua abordagem conforme necessário, mantendo-se alinhados aos seus objetivos. O rebalanceamento periódico do portfólio pode ajudar a garantir que a alocação de ativos continue a refletir a tolerância ao risco e as metas financeiras.

3. A Relação entre Estratégia e Emoções

A volatilidade do mercado pode provocar reações emocionais intensas, que muitas vezes resultam em decisões precipitadas. A importância de uma estratégia clara se torna evidente nesse contexto. Quando os investidores têm um plano bem definido, eles são menos propensos a se deixar levar por emoções momentâneas, como pânico ou euforia. A estratégia serve como um ancla emocional, permitindo que os investidores mantenham a calma e sigam seu roteiro, independentemente das flutuações de mercado.

Por exemplo, durante uma queda acentuada do mercado, um investidor que não possui uma estratégia clara pode ser tentado a vender seus ativos para evitar mais perdas. No entanto, um investidor que segue uma estratégia racional pode reconhecer que quedas de mercado são uma parte natural do ciclo econômico e que manter os investimentos é muitas vezes a melhor abordagem para alcançar os objetivos a longo prazo.

4. Construindo uma Estratégia de Investimento Racional

Desenvolver uma estratégia de investimento racional requer tempo e reflexão. Os investidores devem ser pacientes e dispostos a aprender. Algumas etapas para construir uma estratégia eficaz incluem:

4.1 Pesquisa e Educação

Investidores devem investir tempo em educar-se sobre diferentes tipos de investimentos, mercados e estratégias. Isso pode incluir ler livros, participar de cursos ou buscar a orientação de profissionais financeiros. O conhecimento é uma ferramenta poderosa que capacita os investidores a tomar decisões informadas.

4.2 Definição de Regras de Investimento

Estabelecer regras claras para a compra e venda de ativos pode ajudar a manter os investidores focados em sua estratégia. Isso pode incluir regras sobre quando entrar ou sair de um investimento, bem como limites de perda e lucro. Essas regras ajudam a minimizar a influência das emoções nas decisões de investimento.

4.3 Revisão e Ajuste Contínuos

Uma estratégia de investimento não deve ser estática. As condições de mercado, os objetivos financeiros e a tolerância ao risco podem mudar ao longo do tempo. Portanto, os investidores devem revisar regularmente sua estratégia e fazer ajustes conforme necessário para garantir que permaneça alinhada com suas metas e circunstâncias.

5. O Papel da Disciplina na Implementação da Estratégia

Por fim, a disciplina é um componente crucial para o sucesso de qualquer estratégia de investimento. Ter um plano claro é apenas o primeiro passo; segui-lo consistentemente, mesmo em tempos de incerteza, é o verdadeiro desafio. Os investidores devem cultivar a disciplina necessária para evitar decisões impulsivas e permanecer focados em suas metas.

Um investidor disciplinado pode se beneficiar não apenas de uma melhor performance financeira, mas também de uma experiência emocional mais positiva. Ao manter a calma e a clareza em meio à volatilidade do mercado, os investidores se sentem mais capacitados e confiantes em suas decisões.

CONCLUSÃO

Resumo dos Principais Pontos Abordados

Neste livro, exploramos a complexa relação entre finanças e emoções, destacando a importância de uma abordagem consciente e reflexiva ao investir. Através de uma série de capítulos, discutimos como as emoções podem influenciar as decisões financeiras e como desenvolver habilidades emocionais pode ser um diferencial significativo para o sucesso financeiro.

No início, abordamos a necessidade de reconhecer que o dinheiro é um componente intrinsecamente ligado a sentimentos e experiências pessoais. As emoções desempenham um papel crucial em nossas decisões, desde o medo de perdas até a euforia de ganhos. Compreender essa dinâmica é essencial para evitar decisões impulsivas que podem prejudicar a saúde financeira a longo prazo.

Em seguida, discutimos a importância de um plano financeiro sólido. Um planejamento bem estruturado não apenas estabelece metas claras, mas também proporciona um referencial para decisões durante períodos de incerteza. Um bom plano ajuda os investidores a permanecerem focados em seus objetivos e a evitar reações emocionais indesejadas, permitindo uma gestão mais disciplinada e racional das finanças.

A educação financeira foi um tema central ao longo do livro, enfatizando seu papel vital na capacitação dos indivíduos. Ao adquirir conhecimento sobre conceitos financeiros, os investidores se tornam mais seguros em suas decisões, reduzindo a ansiedade e aumentando a confiança. A educação contínua é um compromisso necessário para adaptar-se às mudanças do mercado e às circunstâncias pessoais, promovendo uma mentalidade de crescimento e adaptação.

A prática de reconhecer e gerenciar emoções ao investir foi detalhada, oferecendo ferramentas e estratégias para desenvolver autoconsciência. A prática de manter um diário de investimentos, a educação contínua, técnicas de mindfulness e a definição de regras claras foram apresentadas como métodos eficazes para controlar as emoções. Essas práticas permitem que os investidores reflitam sobre suas decisões e resistam a pressões emocionais que poderiam levar a erros financeiros.

Além disso, ressaltamos a importância de construir uma rede de apoio. O compartilhamento de experiências e emoções com outras pessoas pode oferecer novas perspectivas e validar sentimentos, proporcionando um suporte emocional valioso durante a jornada financeira. Grupos de investimento e discussões informais podem servir como uma fonte de encorajamento e aprendizado, ajudando os investidores a se manterem motivados e informados.

Por fim, discutimos a importância de um futuro financeiro saudável, onde a integração de educação financeira e consciência emocional é essencial para a construção de uma vida financeira equilibrada. A capacidade de gerenciar emoções e tomar decisões informadas é crucial para enfrentar os desafios do mercado e alcançar objetivos financeiros de longo prazo.

Em resumo, este livro oferece uma abordagem abrangente que combina teoria e prática, proporcionando aos leitores não apenas conhecimento, mas também ferramentas para transformar suas experiências financeiras. Ao entender a importância das emoções nas finanças, os investidores podem construir uma relação mais saudável com o dinheiro, permitindo que se sintam mais seguros e empoderados em suas decisões financeiras.

Reflexões Finais sobre a Relação entre Finanças e Emoções

A relação entre finanças e emoções é um aspecto vital que muitas vezes é negligenciado no discurso sobre investimentos e gestão financeira. Ao longo deste livro, abordamos como as emoções desempenham um papel fundamental nas decisões financeiras, moldando não apenas nosso comportamento como investidores, mas também nossa saúde financeira em geral. As emoções podem atuar como aliadas ou inimigas, dependendo de como as reconhecemos e gerenciamos.

Um ponto crucial é a necessidade de desenvolver a autoconsciência emocional. Compreender as emoções que surgem em diferentes situações financeiras—seja o medo de perder dinheiro, a euforia de um ganho inesperado ou a ansiedade em tempos de incerteza—é o primeiro passo para uma gestão eficaz. Essa autoconsciência permite que os investidores reflitam sobre suas reações e evitem decisões impulsivas que podem levar a resultados prejudiciais. Ao invés de reagir automaticamente às oscilações do mercado, um investidor consciente pode fazer pausas, avaliar suas emoções e tomar decisões mais informadas.

Além disso, a educação financeira se mostra fundamental nesse contexto. O conhecimento não apenas oferece as ferramentas necessárias para a gestão eficaz de recursos, mas também constrói a confiança. Um investidor bem-informado se sente mais seguro em suas decisões e, portanto, é menos suscetível a ser dominado por emoções como medo ou ganância. Essa relação de confiança permite que o investidor mantenha a calma em tempos de turbulência, focando em estratégias de longo prazo e evitando reações precipitadas.

As práticas de mindfulness e atenção plena também se revelam eficazes na gestão emocional. Essas técnicas permitem que os investidores desacelerem, respirem e reflitam sobre suas emoções antes de tomar decisões. Esse espaço de reflexão é vital para evitar que sentimentos temporários, como ansiedade ou euforia, interfiram no processo de tomada de decisão. Quando aplicadas consistentemente, essas práticas ajudam a cultivar uma mentalidade de resiliência, permitindo que os investidores enfrentem os altos e baixos do mercado com mais equilíbrio emocional.

Outro aspecto importante é a construção de uma rede de apoio. O compartilhamento de experiências com amigos, familiares ou grupos de investimento pode proporcionar uma sensação de comunidade e validação. Esse suporte social é fundamental, pois ajuda os investidores a normalizar suas emoções e encontrar conforto em momentos de dúvida. Quando os investidores discutem abertamente seus desafios e triunfos, eles não apenas validam suas próprias experiências, mas também aprendem com os outros, tornando-se mais bem preparados para enfrentar situações semelhantes no futuro.

Por fim, refletir sobre a relação entre finanças e emoções nos leva a reconhecer que o sucesso financeiro não é apenas uma questão de números. É uma jornada que envolve aspectos psicológicos e emocionais que podem influenciar profundamente nosso comportamento e resultados. Integrar a inteligência emocional na gestão financeira é essencial para construir um futuro financeiro saudável e sustentável. Isso implica não apenas em adquirir conhecimento técnico, mas também em desenvolver habilidades emocionais que permitam aos investidores navegar pelos desafios do mercado com clareza e propósito.

Em suma, a relação entre finanças e emoções é uma dança delicada que, quando compreendida e gerenciada de maneira eficaz, pode levar a um desempenho financeiro mais robusto e a uma vida mais equilibrada. Ao cultivar a autoconsciência, buscar educação financeira, praticar mindfulness e construir uma rede de apoio, os investidores podem transformar sua abordagem financeira, permitindo que suas emoções trabalhem a seu favor em vez de contra eles. Essa transformação não é apenas benéfica para a saúde financeira, mas também contribui para um bem-estar emocional duradouro.

Chamado à Ação para Leitores Aplicarem o que Aprenderam

À medida que você chega ao final deste livro, é hora de refletir sobre como colocar em prática tudo o que aprendeu sobre a relação entre finanças e emoções. O conhecimento adquirido só se torna poderoso quando aplicado. Comece avaliando sua própria relação com o dinheiro: quais emoções surgem quando você lida com suas finanças? Reconhecer esses sentimentos é o primeiro passo para controlá-los. Manter um diário financeiro pode ser uma excelente ferramenta para documentar suas decisões e os sentimentos que as influenciam, ajudando você a desenvolver uma maior consciência sobre como as emoções impactam suas escolhas.

Além disso, priorize sua educação financeira. Dedique-se a aprender mais, seja lendo livros, participando de cursos ou conversando com outras pessoas sobre investimentos. Quanto mais informado você estiver, menos as emoções negativas afetarão suas decisões. Considere também incorporar práticas de mindfulness à sua rotina, como respirar profundamente ou meditar antes de tomar uma decisão financeira importante. Essas pausas podem fazer toda a diferença, permitindo que você aja de forma mais consciente e tranquila.

Crie também regras claras para guiar suas decisões de investimento. Definir limites de perda ou metas de retorno ajudará a manter o foco e a evitar que as emoções dominem em momentos de turbulência. Lembre-se de que você não precisa seguir essa jornada sozinho. Construa uma rede de apoio com pessoas que compartilhem interesses financeiros, com quem você possa trocar experiências e obter novas perspectivas.

Por fim, lembre-se de que a jornada financeira é contínua. Circunstâncias mudam, e a capacidade de se adaptar é essencial. Mantenha-se aberto a novos aprendizados e ajustes, buscando sempre o equilíbrio entre finanças e emoções. A transformação começa agora—aplique o que aprendeu e veja como essas práticas podem melhorar sua vida financeira e emocional.

EXERCÍCIOS PRÁTICOS

Exercícios Técnicos em Finanças

1. Criação de um Orçamento Baseado em Objetivos
   - Objetivo: Definir metas financeiras claras e desenvolver um plano de ação para alcançá-las.
   - Instruções: Liste seus objetivos financeiros de curto, médio e longo prazo (ex.: quitar dívidas, comprar uma casa, investir para aposentadoria). Com base nesses objetivos, deve criar um orçamento mensal detalhado, alocando recursos de maneira estratégica para cada meta. O exercício deve incluir uma revisão mensal para avaliar o progresso e ajustar o orçamento conforme necessário.

2. Simulação de Decisão de Investimento
   - Objetivo: Tomar decisões de investimento baseadas em análise e não em emoções.
   - Instruções: Escolha três ações ou fundos de investimento e realizar uma análise fundamentalista básica (ex.: análise de P/L, ROE, crescimento de receita) ou, se preferir, uma análise técnica de gráficos. Com base nas informações coletadas, tome uma decisão fictícia de compra ou venda. O importante aqui é que registrem os motivos da decisão, além de anotar como estavam se sentindo (medo, otimismo, cautela) durante o processo.

3. Plano de Emergência Financeira
   - Objetivo: Criar uma reserva de emergência e um plano para lidar com imprevistos financeiros.

- Instruções: Calcule o valor necessário para cobrir seis meses de suas despesas essenciais e, em seguida, criar um plano para acumular essa quantia. O exercício envolve rever as finanças pessoais e descobrir onde cortar gastos ou aumentar a renda. Isso ajuda a desenvolver uma postura proativa em relação a imprevistos financeiros, reduzindo o estresse relacionado ao dinheiro.

Exercícios para Gerenciar Emoções nas Finanças

1. Diário de Emoções Financeiras
    - Objetivo: Desenvolver autoconsciência sobre como as emoções afetam decisões financeiras.
    - Instruções: Anote por uma semana, cada decisão financeira que tomar, seja uma compra, investimento ou planejamento de longo prazo. Descreva o que sentiram antes, durante e após a decisão (ex.: ansiedade, entusiasmo, arrependimento), além de identificar se a emoção influenciou sua escolha. No fim da semana, deve analisar se as decisões foram racionais ou influenciadas pelo estado emocional.

2. Prática de Mindfulness nas Decisões Financeiras
    - Objetivo: Controlar impulsos emocionais antes de tomar decisões importantes.
    - Instruções: Antes de fazer qualquer compra significativa ou investimento, pare por cinco minutos para praticar a respiração consciente. Eles devem focar na respiração, afastando pensamentos sobre dinheiro, para reduzir a ansiedade ou euforia que possam estar sentindo. Após a pausa, anote como a prática influenciou sua decisão.

3. Revisão Mensal de Metas com Autoavaliação Emocional

- Objetivo: Criar um espaço para revisar tanto as finanças quanto as emoções associadas.
- Instruções: Ao final de cada mês, revise suas metas financeiras e avalie o progresso. Durante essa revisão, deve também refletir sobre como se sentiu ao longo do mês em relação às finanças (estresse, tranquilidade, medo) e identifique padrões emocionais que possam ter impactado as decisões. Em seguida, deve ajustar suas estratégias financeiras e emocionais para o mês seguinte.

www.ingramcontent.com/pod-product-compliance
Lightning Source LLC
Chambersburg PA
CBHW070947220526
45471CB00007B/2926